Bibliografische Information der Deutschen Nationalbibliothek:

Die Deutsche Bibliothek verzeichnet diese Publikation in der Deutschen National-
bibliografie; detaillierte bibliografische Daten sind im Internet über http://dnb.d-
nb.de/ abrufbar.

Dieses Werk sowie alle darin enthaltenen einzelnen Beiträge und Abbildungen
sind urheberrechtlich geschützt. Jede Verwertung, die nicht ausdrücklich vom
Urheberrechtsschutz zugelassen ist, bedarf der vorherigen Zustimmung des Verla-
ges. Das gilt insbesondere für Vervielfältigungen, Bearbeitungen, Übersetzungen,
Mikroverfilmungen, Auswertungen durch Datenbanken und für die Einspeicherung
und Verarbeitung in elektronische Systeme. Alle Rechte, auch die des auszugsweisen
Nachdrucks, der fotomechanischen Wiedergabe (einschließlich Mikrokopie) sowie
der Auswertung durch Datenbanken oder ähnliche Einrichtungen, vorbehalten.

Impressum:

Copyright © 2013 GRIN Verlag, Open Publishing GmbH
Druck und Bindung: Books on Demand GmbH, Norderstedt Germany
ISBN: 978-3-668-11387-9

Eugen Grinschuk, Daniel Falkner

Erstellung einer PHP-Anwendung für Internet-Umfragen. Einführung in die Datenbank-Programmierung mit MySQL und PHP

GRIN Verlag

GRIN - Your knowledge has value

Der GRIN Verlag publiziert seit 1998 wissenschaftliche Arbeiten von Studenten, Hochschullehrern und anderen Akademikern als eBook und gedrucktes Buch. Die Verlagswebsite www.grin.com ist die ideale Plattform zur Veröffentlichung von Hausarbeiten, Abschlussarbeiten, wissenschaftlichen Aufsätzen, Dissertationen und Fachbüchern.

Besuchen Sie uns im Internet:

http://www.grin.com/

http://www.facebook.com/grincom

http://www.twitter.com/grin_com

Erstellung einer PHP-Anwendung für Internet-Umfragen

Assignment im Modul DBA02 - Einführung in die Datenbank-Programmierung mit MySQL und PHP

Eugen Grinschuk

und

Daniel Falkner

23. Oktober 2013

Inhaltsverzeichnis

Abbildungsverzeichnis

Tabellenverzeichnis

Abkürzungsverzeichnis

API	Application Programming Interface
CMS	Content Management System
CSS	Cascading Style Sheet
DBMS	Datenbankmanagementsystem
HTML	Hyper Text Markup Language
MVC	Model View Controller
OOP	Objektorientierte Programmierung
PDO	PHP Data Objects
PHP	Hypertext Preprocessor
SQL	Structured Query Language
UML	Unified Modeling Language

1 Einleitung

Das Assignment für das Studienmodul DBA02 - Einführung in die Datenbank Programmierung mit MySQL und PHP - wurde von Daniel Falkner und Eugen Grinschuk gemeinsam erstellt. Deshalb wird eine einheitliche Gruppenbenotung gewünscht.

1.1 Problemstellung und Ziel dieser Arbeit

Die Problemstellung dieser Arbeit ist, dass ein webbasiertes Umfragesystem mit unterschiedlichen Umfragen und Antwortmöglichkeiten entwickelt werden soll. Dem Benutzer soll die Möglichkeit gegeben werden, eine oder mehrere Antwortmöglichkeiten auswählen sowie die Umfrageergebnisse einsehen zu können. Das Ziel dieser Arbeit ist eine Implementierung der Anwendung auf Basis von Hypertext Preprocessor (PHP) in Verbindung mit einer MySQL Datenbank. Der Zugriff auf die Anwendung soll über einen Webbrowser stattfinden. Darüber hinaus soll es dem Administrator ermöglicht werden sich mittels Benutzername und Passwort zu authentifizieren. In diesem geschützten Bereich können neue Umfragen mit unterschiedlichen Antwortmöglichkeiten hinzugefügt werden.

1.2 Aufbau der Arbeit

Im Grundlagenteil wird auf wichtige Vorüberlegungen eingegangen, die vor der Erstellung des Datenbankmodells und der Anwendung gemacht werden müssen. Außerdem wird ein Überblick über die Skriptsprache PHP und dem Datenbanksystem MySQL geschaffen sowie auf verwendete Frameworks. Im Hauptteil werden Aufbau und Implementierung der Datenbank sowie der Anwendung behandelt. Der Schluss beinhaltet eine Zusammenfassung, eine kritische Würdigung und einen Ausblick auf weitere Optimierungen.

2 Grundlagen

2.1 Vorüberlegungen

Bei den Vorüberlegungen wurde die Entscheidung getroffen nur freie und somit kostenlose Software und Hilfswerkzeuge zu verwenden. Zur einfachen Verwaltung des Quellcodes wurde eine Versionsverwaltungssoftware eingesetzt. Git [1] ist dafür hervorragend geeignet und wird erfolgreich in anderen großen Projekten eingesetzt.

2.2 Verwendete Hilfswerkzeuge

Für die Erstellung der Datenbank wurden unterschiedliche Hilfswerkzeuge verwendet. Die Konzeption und somit die Modellierung der Datenbank wurde mit dem Hilfswerkzeug Dia [2] erstellt. Damit war eine einfache und übersichtliche Modellierung in UML [3] möglich. Um anschließend die Datenbank mit der datenbankorientierten Beschreibungssprache SQL [4] erstellen zu können, wurde phpMyAdmin [5] verwendet.

2.3 MySQL Datenbank

MySQL ist die beliebteste und am weitesten verbreitete Open-Source-Datenbank der Welt. [6] MySQL kennt die standardisierten Structured Query Language (SQL) Befehle, die von anderen Datenbanken, wie z. B. ORACLE [7] ebenfalls korrekt interpretiert werden. Da MySQL Open-Source ist, bildet sie die Basis für viele dynamische Webseiten, meist in Verbindung mit einem Content Management System (CMS) [8]. Darin werden die Inhalte der Webseite, die Verlinkungen der Inhalte und Elemente der Webseite sowie Informationen und gewisse Einstellungen des CMS gespeichert. Datenbankabfragen der Webseite erfolgen mittels PHP. Damit lassen sich sehr dynamische und komplexe Internetanwendungen erstellen und verwalten.

---

[1] http://git-scm.com
[2] http://live.gnome.org/Dia
[3] [UML, 2013]
[4] [Kofler, 2005]
[5] http://www.phpmyadmin.net/
[6] [MySQL, 2013a]
[7] [Oracle, 2013a]
[8] [Oracle, 2013b]

Selbstständige, auf Dauer und flexiblen und sicheren Gebrauch ausgelegte Daten-organisation, die sowohl eine Datenbasis als auch eine zugehörige Datenverwaltung - Datenbankmanagementsystem (DBMS) - umfasst. Eine Datenbank dient dazu, eine große Menge von Daten strukturiert zu speichern und zu verwalten. [9]

2.4 Programmiersprache PHP

PHP [10] ist eine Scriptsprache und vor allem im Webbereich sehr verbreitet. Mit Version 5 bietet PHP eine bessere Unterstützung zur objektorientierten Programmierung [11]. Durch die Objektorientierte Programmierung (OOP) kann ein Projekt sehr übersichtlich gegliedert und programmiert werden. Dies erleichtert gerade bei mittleren bis größeren Projekten die Zusammenarbeit und die Wartung der Anwendung. Objekte werden von Klassen erzeugt in welcher der Quellcode und somit der eigentliche Ablauf definiert wird. Klassen können durch die Vererbung auch wieder verwendet werden. Ein weiterer Vorteil ist, dass auf bereits vorhandene Entwurfsmuster, die sogenannten Design Patterns [12], zurückgegriffen werden kann. Durch Namespaces können Klassen und Funktionen in Bereiche eingeteilt werden. Mit Kombination der PHP Klassen Autoloader Funktion werden die jeweiligen Klassen Quellcodedateien automatisch bei Bedarf eingebunden.

2.5 Datenbank Schnittstelle

PHP bietet dem Entwickler mehrere Möglichkeiten eine MySQL Datenbank anzubinden [13]. Der mittlerweile veraltete native Treiber MySQL [14] sollte nicht mehr verwendet werden. Er wird nicht mehr weiterentwickelt und bietet auch keine Unterstützung zur OOP. Es wird die Verwendung der MySQLI [15] oder PHP Data Objects (PDO) Erweiterung als Datenbank Application Programming Interface (API) empfohlen. In dieser Anwendung wurde die PDO Erweiterung von PHP zum Zugriff auf MySQL

---

[9][Gabler, 2013]
[10]http://www.php.net
[11][Lahres and Rayman, 2009]
[12][Schmidt, 2009]
[13][Theis, 2013]
[14][MySQL, 2013c]
[15]MySQL Improved Extension

Datenbanken verwendet. PDO unterstützt Prepared Statements und kann gegenüber der MySQLI Schnittstelle mit mehreren Datenbanktypen umgehen. Dies bringt gerade beim Umstieg auf eine andere Datenbank einen erheblichen Vorteil zur Möglichkeit der weiteren Verwendung des Datenmodells.

2.6 CSS Framework

Die Darstellung und Formatierung der Hyper Text Markup Language (HTML) Seiten wird über Cascading Style Sheet (CSS) definiert. Durch CSS wird der Inhalt der HTML-Seite von Design getrennt. Dies bewirkt einen übersichtlicheren und kleineren HTML Code. Für das Umfragesystem wurde ein freies CSS Framework mit dem Namen Twitter Bootstrap [16] gewählt. Dieses CSS Framework bewirkt neben Responsive Webdesign [17] auch ein einheitliches Design auf unterschiedlichen Webbrowsern.

2.7 Salt and Pepper Verfahren

Das Salt and Pepper Verfahren [18] ist ein kryptografisches Hashverfahren [19], welches beim Speichern von Passwörtern verwendet wird. Dabei wird mit Salt eine zufällig gewählte Zeichenfolge um die Informationen der Eingabe an das in Klartext hinterlegte Passwort erweitert. Der so entstandene Hashwert wird in der Datenbank abgespeichert. Dieser Hashwert wird für die Überprüfung des Passwortes verwendet. Dabei wird der Salt nicht jedes Mal neu erzeugt, da das Passwort ansonsten abgelehnt werden würde, weil der Hashwert nicht mit dem gespeicherten Hashwert übereinstimmt. Mit Pepper werden weitere geheime Zeichenfolgen dem Passwort hinzugefügt. Diese, für alle Passwörter gleichen Zeichenfolgen werden noch vor der Berechnung des Hashwertes dem Passwort hinzugefügt. Dabei wird der Pepper an einem anderen Ort als das Passwort selbst gespeichert. Dies dient zur erweiterten Sicherheit. Denn sollte es einem Angreifer z. B. durch SQL-Injection gelingen, sich Zugriff zur Datenbank zu verschaffen, dann sieht er zwar den Salt, nicht aber den Pepper. Demzufolge ist eine

---

[16]http://getbootstrap.com/
[17]Die Webseite reagiert auf unterschiedliche Auflösungen und Eigenschaften des benutzten Endgerätes
[18][Heise, 2013]
[19][Schmeh, 2009]

Entschlüsselung des Passwortes nicht möglich, da beide Teile benötigt werden. Zur Steigerung der Sicherheit sollte ein möglichst starker Pepper definiert werden. Ziel des Salt and Pepper Verfahrens ist es, die in der Datenbank gespeicherten Passwörter sicherer und Wörterbuchangriffe durch Brute-Force-Verfahren, zu erschweren oder gar wertlos zu machen.

3 Datenbank

Datenbanken sind in der heutigen Zeit kaum noch wegzudenken. Sie werden in verschiedensten Bereichen eingesetzt, in denen Daten gespeichert werden müssen, wie zum Beispiel Webseiten, Webshops, Personaldatenbank, etc. Somit ist es kein Problem, komplette Web-Shops in Datenbanken zu speichern. Auch Benutzerinformationen wie Benutzername, Passwort und letzter Login können hier abgelegt werden.

3.1 UML Modell

Bei der Modellierung der relationalen Datenbank wurde auf eine flache Hierarchie geachtet, um unnötige Tabellen, Rechenzeit und Speicherplatz durch redundante Datenhaltung zu vermeiden. Der minimale Aufbau für ein Umfragesystem mit Benutzern ist in Abbildung 1 ersichtlich. Die Benutzer werden mit ihren Attributen wie ID, Name, Passwort und LastLogIn in einer separaten Tabelle abgespeichert, wobei das Attribut ID den Primärschlüssel [20] der Tabelle User kennzeichnet. Abhängigkeiten der Tabelle User zu anderen Tabellen in der Datenbank sind nicht vorhanden.

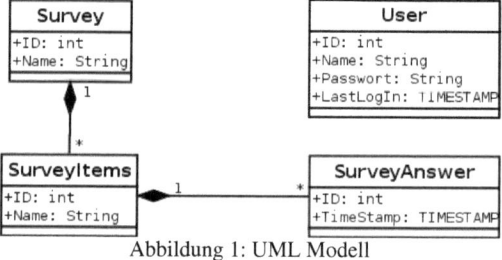

Abbildung 1: UML Modell

---

[20][Computerlexikon, 2013]

Die Umfragen bestehen aus unterschiedlichen Fragen und verschiedenen Antwortmöglichkeiten. In der Tabelle Survey wird die Umfrage mit ihren Attributen ID und Name abgespeichert, wobei ID den Primärschlüssel der Tabelle Survey bildet. In der Tabelle SurveyItems sind die Attribute ID sowie Name enthalten. Das Attribut ID kennzeichnet hierbei den Primärschlüssel der Tabelle SurveyItems. Alle vorhandenen Antwortmöglichkeiten werden in der Tabelle SurveyItems gespeichert. Die Assoziation zwischen der Tabelle Survey und SurveyItems ist 1 : *. Das bedeutet, dass eine Umfrage eine oder mehrere Antwortmöglichkeiten enthalten kann, eine Antwortmöglichkeit allerdings nur einer Umfrage zugeteilt wird. Würde eine Antwort mehreren Umfragen zugeteilt werden, also einer Assoziation * : * entsprechen, dann würde dies die Umfragewerte verfälschen. Denn, eine Auswahl derselben Antwortmöglichkeit in erster und zweiter Umfrage von zwei unterschiedlichen Benutzern liefert ein Ergebnis von 2, anstatt 1 in jeder Umfrage. Damit sind beide Umfragen nicht repräsentativ und können verworfen werden, da die genaue Anzahl der gewählten Antwortmöglichkeit nicht der jeweiligen Umfrage zugewiesen werden kann. Die jeweilig ausgewählten Antworten in den Umfragen werden in der Tabelle SurveyAnswer gespeichert. Enthalten sind die Attribute ID als Primärschlüssel der Tabelle sowie TimeStamp für den Zeitpunkt der abgegebenen Antworten. Die Assoziation zwischen SurveyItems und SurveyAnswer ist 1 : *. Das bedeutet, dass eine oder mehrere Antwortmöglichkeiten aus den Antworten der jeweilig zugewiesenen Umfrage ausgewählt werden können. Eine Antwortmöglichkeit kann allerdings nur in einer Umfrage ausgewählt werden. Wird keine Antwortmöglichkeit gewählt, wird der Benutzer zur Ergebnisseite weitergeleitet und sieht die bisherigen Ergebnisse der ausgewählten Umfrage.

3.2 Relationen Modell

Um redundante Informationen in der Datenbank zu vermeiden, wurde auf die 3. Normalform [21] geachtet.

Eine Relation befindet sich in 3NF, wenn sie in 2NF ist und wenn alle Attribute, die nicht zum Primärschlüssel gehören, direkt von diesem abhängig sind. [22]

---

[21][Peter Kropff, 2013]
[22][Prof. Dr. Franz-Karl Schmatzer, 2013] Seite 210f

Mit der 3. Normalform wird erreicht, dass keine Nichtschlüsselattribute von einer Menge von Nichtschlüsselattributen abhängig sind. Ein Nichtschlüsselattribut darf somit nur direkt von einem Primärschlüssel abhängig sein. Durch die direkte Abhängigkeit des Nichtschlüsselattributs zum Primärschlüssel bleiben die Informationen auch dann erhalten, wenn ein Nichtschlüsselattribut entfernt wird. Erst wenn der Primärschlüssel gelöscht wird, werden die Informationen, die mit dem Primärschlüssel verbunden sind, ebenfalls aus der Datenbank entfernt. Damit wird die Datenqualität erhöht und die Datenkonsistenz bleibt erhalten. Die Tabelle Survey enthält einen Primärschlüssel der Tabelle mit der Bezeichnung ID und ein Attribut Name, in dem die Umfrage gespeichert wird.

ID	Name
1	Wie findest du dieses Seite?

Tabelle 1: Beschreibung. Survey

Die Tabelle SurveyItems enthält einen einmaligen Primärschlüssel, mit der Bezeichnung ID, ein Attribut Name für die Antwortmöglichkeiten der Umfrage sowie den Fremdschlüssel [23] SurveyID, der als Primärschlüssel in der Tabelle Survey namentlich als ID geführt wird.

ID	Name	SurveyID
1	Super	1
2	Toll	1

Tabelle 2: Beschreibung. SurveyItems

Die Tabelle SurveyAnswers beinhaltet einen einmaligen Primärschlüssel namens ID und ein Attribut TimeStamp aus dem ersichtlich wird, wann die Antwortmöglichkeit abgegeben worden ist. Das Attribut SurveyItemID stellt den Fremdschlüssel dieser Tabelle dar, der in der Tabelle SurveyItem ein Primärschlüssel ist und unter dem Namen ID gefunden werden kann.

---

[23][PHP Kurs, 2013]

ID	TimeStamp	SurveyItemID
1	2013-08-29 19:53:55	2
2	2013-08-29 19:53:55	1

Tabelle 3: Beschreibung. SurveyAnswer

Die Tabelle Benutzer enthält einen einmaligen Primärschlüssel mit der Bezeichnung ID. Des Weiteren sind die Attribute Benutzername und Passwort in der Tabelle User enthalten. Im Datenfeld Benutzername, wird der Name des Benutzers gespeichert, welcher nur einmal in der Datenbank vorhanden sein darf. Dies dient dazu, dass der Datenbank bekannt ist, welches Passwort zu welchem Benutzer gehört. Bei mehrmals gleich vorkommenden Benutzernamen wäre dieser Fall nicht gegeben. Das dazugehörige Passwort des Benutzers wird im Feld Passwort in Klartext und somit unverschlüsselt abgelegt. Durch das Feld LastLogIn wird festgehalten, wann sich der Benutzer das letzte Mal im Kundenbereich eingeloggt hat. Damit lassen sich Statistiken über die Aktivität der Benutzer sowie eine Übersicht über inaktive Benutzer erstellen.

ID	Name	Passwort	LastLogIn
1	admin	test	0000-00-00 00:00:00

Tabelle 4: Beschreibung. SurveyAnswer

3.3 Storage Engines und Transaktionen

Storage Engines werden dazu verwendet um verschiedene Funktionen der Datenbank zu nutzen, wie z. B. Transaktionen und um eine höhere Performance für den jeweiligen Aufgabenbereich zu erzielen. Transaktionen sind eine Folge von Datenmanipulationsanweisungen, wie z. B. INSERT, UPDATE und DELETE. Transaktionen werden nach dem ACID-Prinzip [24] durchgeführt. Das ACID-Prinzip garantiert eine Datenkonsistenz und Datenintegrität. Eine Transaktion wird durch Atomarität entweder ganz oder gar nicht ausgeführt und nach Ausführung der Transaktion muss der Datenbestand in eine konsistente Form gebracht werden. Wenn mehrere Transaktionen gleichzeitig ausgeführt werden, darf keine andere Transaktion beeinflusst werden, was mit Isolation sichergestellt wird. Nach Ausführung dieser, müssen die Änderungen im Datenbestand

---

[24][Prof. Dr. Franz-Karl Schmatzer, 2013] Seite 47f

dauerhaft gemacht werden. Eine Transaktion kann mittels COMMIT oder ABORT beendet werden. Erstere wird ausgeführt, wenn die Transaktion komplett abgeschlossen und somit erfolgreich und ohne Probleme beendet wurde. Der Datenbestand, bzw. die Änderungen des Datenbestands werden dabei dauerhaft in die Datenbank gespeichert. ABORT hingegen wird ausgeführt, wenn eine Transaktion auf ein Problem stößt und somit die vorgenommenen Änderungen am Datenbestand rückgängig gemacht werden müssen.

3.4 Unterschied MyISAM und InnoDB

MyISAM [25] ist die Storage Engine, die für eine Datenbank bis zur MySQL Version 5.1 standardmäßig voreingestellt wird und muss somit beim Definieren der Tabellen nicht explizit angegeben werden. Ab der MySQL-Version 5.5 ist die InnoDB Storage Engine als Standard voreingestellt. Allerdings ist die MyISAM Storage Engine für manche Anwendungsbereiche nicht ausreichend. In Anwendungsbereichen in denen sehr viel Wert auf Datenqualität gelegt und mit Multi-Row-Insert [26] gearbeitet wird, ist die InnoDB Storage Engine zu bevorzugen. Denn die InnoDB Storage Engine arbeitet nach dem ACID-Prinzip [27], was bei der MyISAM Storage Engine vergebens gesucht wird, da dieses Verfahren nicht implementiert ist. Das heißt, wenn mittels einem Multi-Row-Insert mehrere Inhalte gleichzeitig in eine Tabelle unter Verwendung der InnoDB geschrieben werden und ein Fehler auftritt, wird die gesamte Verarbeitung mittels ROLLBACK [28] rückgängig gemacht, bzw. nicht ausgeführt. Somit bleibt die Tabelle leer und eine Transaktionssicherheit wird erreicht. Darüber hinaus bietet die InnoDB Storage Engine gegenüber der MyISAM Storage Engine mehr Performance, was bei großen Datenbanken mit vielen Einträgen ein sehr wichtiges Kriterium darstellt. Des Weiteren gestaltet sich das Locking [29] Verfahren der beiden Engines unterschiedlich [30]. Der Datensatz bei der InnoDB wird nur der entsprechende Datensatz mittels row locking gesperrt, wenn ein UPDATE, bzw. INSERT Befehl ausgeführt

---

[25][MySQL, 2013b]
[26][Blog Sqlauthority, 2013]
[27][Geisler, 2011]
[28]SQL Befehl, der die gemachten Änderungen der Transaktion im Fehlerfall rückgängig macht
[29]Locking eng. bedeutet sperren
[30][Mindshape, 2013]

wird. Die MyISAM Storage Engine sperrt in diesem Fall mittels Table-Locking die gesamte Tabelle.

Je nach Einsatzgebiet, Anforderung und Größe der Datenbank wird MyISAM oder die InnoDB Storage Engine verwendet. MyISAM ist vor allem für read-only und kleinere Datenbanken ohne der Anforderung an Transaktionsschutz geeignet. InnoDB wird meist für große Datenbanken und mit Anforderung an Transaktionsschutz sowie Multi-Threading [31] verwendet. Für diese Anwendung wurde die InnoDB Storage Engine verwendet.

3.5 SQL DDL

Mit der Beschreibungssprache SQL werden die modellierten Tabellen in die Datenbank übertragen. Um die Tabelle Survey zu erzeugen, wird der Befehl CREATE TABLE Survey ausgeführt. Innerhalb des Blocks werden die einzelnen Attribute mit entsprechenden Feldtypen erzeugt. Da der Primärschlüssel einzigartig, nicht null und eine Zahl sein muss, wird dies in Zeile 2 des Codebeispiels entsprechend definiert. Die Zahl in Klammern beim Datentyp int drückt nicht den Wertebereich, sondern lediglich die Darstellungslänge aus. Um die Einzigartigkeit des Primärschlüssels sowie des Wertes sicherzustellen, wird die automatische Erhöhung des Wertes mittels AUTO_INCREMENT verwendet. Jede gültige Umfrage muss einen Namen enthalten, sodass Name in Zeile 3 des Codebeispiels nicht null sein darf und eine variable Länge, jedoch bis maximal 255 Zeichen, aufweisen kann. Zeile 6 bewirkt die Verwendung der InnoDB, einen Ausgangswert von null, bei dem die Datenbank zu zählen beginnen soll, sowie stellt den Zeichensatz auf latin1. [32]

---

[31]Parallelisierung mehrerer Prozesse
[32][Lahini, 2013]

```
CREATE TABLE 'Survey' (
  'ID' int(11) NOT NULL AUTO_INCREMENT,
  'Name' varchar(255) NOT NULL,
  PRIMARY KEY ('ID')
) ENGINE=InnoDB AUTO_INCREMENT=0 DEFAULT CHARSET=latin1;
```

Abbildung 2: SQL DDL Codebeispiel der Tabelle Survey

Die Tabelle SurveyItems, welche die Antwortmöglichkeiten zu der jeweiligen Umfrage enthält, wird analog zu der Tabelle Survey erstellt. In der Tabelle SurveyItems wird zusätzlich der Fremdschlüssel eingetragen. Zudem wird in Zeile 4 des Codebeispiels aus Abbildung 3 der Primärschlüssel aus der Tabelle Survey als Fremdschlüssel in der Tabelle SurveyItems als Integer mit dem Namen SurveyID angelegt. Die Referenz auf den Primärschlüssel ID aus der Tabelle Survey erfolgt in Zeile 7 mittels dem Befehl FOREIGN KEY und dem vorangestellten Befehl CONSTRAINT der eine Zwangsbindung erzwingt. Mit dieser Zwangsbindung wird erzwungen, dass die Referenz des Fremdschlüssels auf den Primärschlüssel in der Tabelle Survey erzeugt wird. Mit ON DELETE CASCADE und ON UPDATE CASCADE wird der Datenbank mitgeteilt, dass wenn der Primärschlüssel in der Tabelle Survey gelöscht oder aktualisiert wird, die damit zusammenhängenden Informationen in der Tabelle SurveyItems ebenfalls gelöscht, bzw. aktualisiert werden sollen. Somit ist die Datenkonsistenz sichergestellt.

```
CREATE TABLE 'SurveyItems' (
  'ID' int(11) NOT NULL AUTO_INCREMENT,
  'Name' varchar(255) NOT NULL,
  'SurveyID' int(11) NOT NULL,
  PRIMARY KEY ('ID'),
  KEY 'SurveyID' ('SurveyID'),
  CONSTRAINT 'SurveyItems_ibfk_2' FOREIGN KEY ('SurveyID') REFERENCES
      'Survey' ('ID') ON DELETE CASCADE ON UPDATE CASCADE
) ENGINE=InnoDB AUTO_INCREMENT=0 DEFAULT CHARSET=latin1;
```

Abbildung 3: SQL DDL Codebeispiel der Tabelle SurveyItems

Um die Tabelle SurveyAnswer zu erstellen, in der alle gewählten Antworten der Besucher enthalten sind, wird der SQL-Code aus Abbildung 4 verwendet. Dieser ist ähnlich zu den bereits oben erwähnten Codebeispielen. Die Besonderheit bei dieser Tabelle ist, dass ein Zeitstempel eingefügt wird. Anhand des Zeitstempels kann nachvollzogen werden, zu welchem Zeitpunkt die jeweilige Antwort abgegeben wurde. Mit TimeStamp wird der Zeitstempel definiert, er darf nicht null sein und als Standardwert werden das aktuelle Datum und die aktuelle Uhrzeit verwendet. Der Fremdschlüssel in der Tabelle SurveyAnswers ist der Primärschlüssel ID aus der Tabelle SurveyItems und heißt SurveyItemID.

```
CREATE TABLE `SurveyAnswer` (
  `ID` int(11) NOT NULL AUTO_INCREMENT,
  `TimeStamp` timestamp NOT NULL DEFAULT CURRENT_TIMESTAMP,
  `SurveyItemID` int(11) NOT NULL,
  PRIMARY KEY (`ID`),
  KEY `SurveyItemID` (`SurveyItemID`),
  CONSTRAINT `SurveyAnswer_ibfk_2` FOREIGN KEY (`SurveyItemID`)
    REFERENCES `SurveyItems` (`ID`) ON DELETE CASCADE ON UPDATE
    CASCADE
) ENGINE=InnoDB AUTO_INCREMENT=0 DEFAULT CHARSET=latin1;
```

Abbildung 4: SQL DDL Codebeispiel der Tabelle SurveyAnswers

Die Tabelle User wird mit den Befehlen aus der Abbildung 5 erstellt. Der Primärschlüssel darf nicht null sein und der Wert des Primärschlüssels wird bei einem neuen Eintrag automatisch um eins erhöht. So ist sichergestellt, dass jeder Primärschlüssel nur einmal vorhanden ist. Außerdem darf ein Benutzername nur einmal vorkommen, sodass das Attribut Name in Zeile 7 des Codebeispiels durch den Befehl unique ebenfalls als einzigartig definiert wird.

```
1  CREATE TABLE 'User' (
2  'ID' int(11) NOT NULL AUTO_INCREMENT,
3  'Name' varchar(64) NOT NULL,
4  'Passwort' varchar(64) NOT NULL,
5  'LastLogIn' timestamp NOT NULL DEFAULT '0000-00-00 00:00:00',
6  PRIMARY KEY ('ID'),
7  UNIQUE KEY 'Name' ('Name')
8  ) ENGINE=InnoDB AUTO_INCREMENT=0 DEFAULT CHARSET=latin1;
```

Abbildung 5: SQL DDL Codebeispiel der Tabelle User

Mit INSERT INTO User werden Datensätze in die Tabelle User hinzugefügt. Im unten aufgeführten Fall wird ein Benutzer mit dem Namen admin, mit dem Passwort test und LastLogIn 0000-00-00 00:00:00 angelegt. Der Benutzer ist somit in der Datenbank enthalten und kann sich mit seinem Benutzernamen und Passwort anmelden. Mit der ersten Anmeldung des Benutzers wird der Wert des Feldes LastLogIn auf das aktuelle Datum und Uhrzeit gestellt. Dieser Wert aktualisiert sich ständig, nachdem sich der Benutzer im Benutzerbereich der Webseite einloggt. Die Aktualisierung des Zeitstempels erfolgt mittels dem PHP integriertem Code auf der Webseite. Mit dieser Möglichkeit lassen sich alte und inaktive Benutzer identifizieren und bei Bedarf aus der Datenbank entfernt werden.

```
1  INSERT INTO 'User' (
2  'ID' ,
3  'Name' ,
4  'Passwort' ,
5  'LastLogIn'
6  ) VALUES (
7  NULL , 'admin', 'test', '0000-00-00 00:00:00'
8  );
```

Abbildung 6: SQL DDL Codebeispiel für Eintrag in die User Tabelle

4 Implementierung

Zur Implementierung der Anwendung in der Programmiersprache PHP wird kein spezielles Software Produkt benötigt. Alle Funktionen von PHP können mit einem einfachen Texteditor implementiert werden. Um optimale Unterstützung der verwendeten PHP Funktionen zu erreichen wird der PHP Interpreter ab Version 5.3 benötigt.

4.1 Design Pattern

Es wurden 2 Entwurfsmuster [33] verwendet. Für die Konfigurationsklasse und die Datenbankklasse wurde ein Singleton-Pattern gewählt. Der Code an sich wurde nach dem MVC Pattern implementiert und gegliedert. Beide Entwurfsmuster werden in den folgenden Abschnitten näher erläutert.

4.1.1 Konfiguration

Da sich die Datenbankkonfiguration je nach Datenbankserver und Umgebung ändern kann, wurden die benötigten Optionen in eine Konfigurationsdatei ausgelagert. Dies hat den Vorteil, dass der Administrator zum Einrichten der Anwendung auf einem Webserver keine Berührung mit dem Quellcode hat. Konfigurationsdateien sind zudem einfacher zu lesen und benutzerfreundlicher. In der Konfigurationsdatei können folgende Optionen der Datenbank eingestellt werden, unter anderem der Typ der Datenbank, der Hostname und Port des Datenbankservers, der Datenbankname, sowie Benutzername und Passwort. Zudem können Optionen zum Debugging [34] aktiviert oder deaktiviert werden.

---

[33][Schmidt, 2009]
[34]Debugging bezeichnet den Prozess Fehler, die sogenannten Bugs, in Software zu finden

```
1  database_type = mysql
2  database_port = 3306
3  database_name = d016ba11
4  database_host = localhost
5  database_user = d016ba11
6  database_pass = Start01#
7  database_verbose = 0
8
9  application_debugging = 0
```

Abbildung 7: Konfigurationsdatei config.ini

Die Konfigurationsklasse wurde nach dem Singleton-Pattern implementiert. Bei diesem Design Pattern darf nur ein Objekt zu dieser Klasse existieren. Dies bringt den Vorteil, dass die Konfigurationsdatei nur beim ersten Instanzieren der Klasse vom Dateisystem eingelesen wird und das Objekt global verfügbar ist.

4.1.2 Datenbankanbindung

Die Klasse Database ist von der PDO Klasse abgeleitet und setzt die benötigten Verbindungsparameter aus der Konfigurationsklasse um die Datenbankverbindung sicherzustellen. Zum Verhindern mehrfacher Verbindungen der Anwendung zur Datenbank wurde das Singleton-Pattern verwendet.

4.1.3 MVC

Das MVC-Pattern bietet eine logische Trennung und Strukturierung der Codeklassen. Dadurch wird eine erhebliche Verbesserung in der Übersichtlichkeit der Anwendung erreicht.

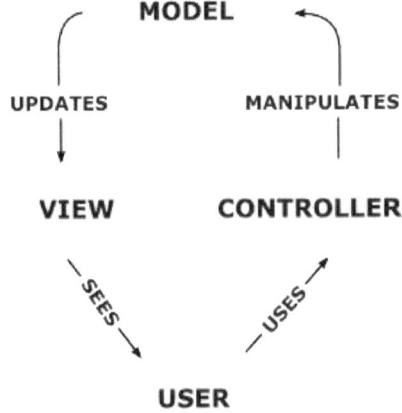

Abbildung 8: MVC Ablauf

Quelle Wikipedia:

`http://en.wikipedia.org/wiki/File:MVC-Process.png`

Jede Anfrage des Benutzers wird von einer zentralen Einstiegsdatei *index.php* ent-gegengenommen und an den zuständigen Controller weitergereicht. Der Controller ist das Bindeglied zwischen den beiden weiteren Schichten. Er koordiniert die Datenver-arbeitung im Datenmodel und übergibt dem View die benötigten dynamischen Werte zur Generierung der Anzeige beim Benutzer.

4.2 Controller

Der Front Controller *FrontController.php* ist für die Einbindung des jeweiligen Con-trollers verantwortlich und ruft die benötigte Aktion auf. Jegliche Benutzerinteraktion wird ausnahmslos über einen Controller an das Datenmodell weitergegeben. Der Con-troller übernimmt dadurch die Aufgabe der Steuerung und Autorisierung der Benutzer. Dies bewirkt zudem eine aufgeräumte und strikte Trennung der jeweiligen Schichten. Für jede Aktion muss eine zugehörige Methode implementiert sein. Eine Default Me-thode wird mittels einer Index Action implementiert.

```php
public function Index_Action() {

}
```

Abbildung 9: Controller Default GET Methode

Zudem ist es möglich zwischen den beiden Übertragungsmethoden GET und POST zu unterscheiden.

```php
public function Add_POST_Action() {

    if (isset($_POST['name']) && isset($_POST['pass'])) {

        $name = $_POST['name'];
        $pass = $_POST['pass'];

        $this->model->addUser($name, $pass);

        $this->Index_Action();

    } else {

        throw new \Exception("Illegaler_Aufruf");

    }

}
```

Abbildung 10: User Controller Benutzerhinzufügen POST Methode

Dieses Codebeispiel zeigt die interne Verarbeitung um einen neuen Benutzer hinzuzufügen. Dazu wird folgende Url mit einem POST Request aufgerufen index.php\? controller =Admin\User&action=Add. Es wir der Controller Admin\User aufgerufen und die Methode Add_POST_Action() ausgeführt. In dieser wird überprüft ob die benötigten Werte, Benutzername und Passwort übergeben wurden und im Datenmodell wird dieser mit der Methode addUser() hinzugefügt. Zuletzt wird die Methode Index_Action()

aufgerufen, welche lediglich den View zur Anzeige der Benutzeradministration ausgibt. Fehlen die Pflichtangaben, wird eine Exception [35] geworfen.

4.3 View

Zur Implementierung der Anzeigeschicht wurde eine einfache und sehr minimale Template Engine erstellt. Die Templates enthalten den reinen HTML-Code zur Definition der Visualisierung innerhalb des Webbrowsers. Durch den puren HTML-Code, mit Erweiterung der dynamischen View Elemente sowie der strengen Trennung von Design und Logik, ist es möglich, dass Templates auch von Personen ohne Programmierkenntnisse erstellt werden können. Zum Erstellen von HTML-Dateien gibt es komfortable WYSIWYG[36]-Editoren.

```
$this ->view ->setTemplate ( 'surveys' ) ;
$this ->view ->assign ( 'surveys' , $this ->model->getSurveys ( ) ) ;
$this ->view ->display ( ) ;
```

Abbildung 11: Template Engine

Diese Quellcode Abbildung zeigt die Bedienung der Template-Engine. Die Variable $this->view zeigt auf ein Objekt der Template Engine. Mit der Methode setTemplate() wird das zu verwendende Template definiert. Die Templates liegen im Verzeichnis *templates* und haben die Dateiendung tpl. Das Verzeichnis kann in der View Klasse mit der Variablen $templatePath definiert werden. Mit der Methode assign() können einzelne Variablen, aber auch komplexe Array- oder Hash-Strukturen innerhalb des Templates verfügbar gemacht werden. Auf die zugewiesenen Elemente kann innerhalb der Templates zugegriffen werden. Die Methode display() generiert den HTML-Code und sendet diesen zur Anzeige an den Webbrowser.

---

[35]Eine Ausnahme oder Ausnahmesituation (engl. exception) bezeichnet in der Computertechnik ein Verfahren, Informationen über bestimmte Programmzustände – meistens Fehlerzustände – an andere Programmebenen zur Weiterbehandlung weiterzureichen. [Wikipedia, 2013]
[36]What You See Is What You Get

Abbildung 12: Screenshot der Umfragenübersicht

4.4 Modell

Das Modell hat die Aufgabe die Datenverarbeitung sicherzustellen. Im Datenmodell existiert eine zentrale Klasse Base, sie ist von Datenbank Klasse abgeleitet und baut die Verbindung zum Datenbankserver auf. Die eigentlichen Datenmodell Klassen erben wiederum von der zentralen Klasse Base und müssen sich somit nicht um den Verbindungsaufbau kümmern.

4.4.1 SQL-Injection

Mit Prepared Statements können SQL-Injectionangriffe erfolgreich verhindert werden. Die nachfolgende PHP Code Abbildung zeigt das Problem von SQL Injections anhand eines einfachen Beispiels auf.

```
1 $user = $_GET['user'];
2 $sql = "SELECT * FROM user WHERE name = '$user'";
```

Abbildung 13: SQL Injection - Fehlerhafter PHP Code

Die Superglobale $ GET['user'] Variable wird der lokalen Variable $user zugewiesen und es erfolgt keine Eingabevalidierung dieser. Durch eine Anfrage auf die Webseite mit folgenden Paramertern *http://meineseite.de/index.php?user=owned'; DROP*

TABLE user;/* wird die SQL-Abfrage auf *SELECT * FROM user WHERE key = 'owned'; DROP TABLE user;/*'* umgeschrieben. Die manipulierte Datenbankabfrage wird an den Datenbankserver gesendet, mit dem Ergebnis, dass die Datenbank *user* gelöscht wurde. Prepared Statements umgehen dieses Problem, da diese Parameter validieren und an der Position einer Variable nur Parameter und keine SQL-Befehle verarbeiten.

4.4.2 Methoden

Innerhalb des Datenbankmodells existieren verschiedene Methoden zum Verarbeiten der Datenanforderungen vom Controller.

```
function getSurveyName ( $survey ) {

    $stmt = $this ->dbh->prepare ("SELECT Name FROM Survey WHERE ID =
    : id ");
    $stmt ->bindParam ( ': id ', $survey );
    $stmt ->execute ();
    $res = $stmt ->fetchObject ();

    return $res ->Name;

}
```

Abbildung 14: getSurveyName Funktion

In der getSurveyName() Methode wird eine einfache lesende Abfrage an die Datenbank gestellt. Als Parameter wird die ID der Umfrage erwartet und als Ergebnis wird der Umfragename aus der Datenbank geliefert. Mit der Methode bindParam() können Parameter an das Prepared Statement gebunden werden. In diesem Fall wird der Parameter :id in der SQL-Abfrage mit der Variable $survey getauscht. Die Methode execute() führt die Anfrage in der Datenbank aus. Mit der Methode fetchObject() wird das Ergebnis als Datenobjekt innerhalb des PHP Codes zur Verfügung gestellt.

```
public function getSurveyResult($survey) {

    $stmt = $this->dbh->prepare("SELECT i.Name, COUNT(a.ID) as cnt
    FROM SurveyItems i LEFT JOIN SurveyAnswer a ON i.ID = a.
    SurveyItemID WHERE i.SurveyID = :id GROUP BY Name ORDER BY i.Name
    ");
    $stmt->bindParam(':id', $survey);
    $stmt->execute();

    return $stmt->fetchAll();

}
```

Abbildung 15: getSurveyResult Methode

Die SQL-Abfrage der Methode getSurveyResult() greift auch lesend auf die Datenbank zu, allerdings ist diese komplexer als bei der vorherigen Abfrage der Methode getSurveyName(). Zurückgegeben werden die Antworten zu einer Umfrage sowie die Anzahl der Stimmen dieser. Dazu wird eine Verknüpfung der beiden Tabellen SurveyItem und SurveyAnswer benötigt. Mittels SQL JOIN kann diese Anforderung umgesetzt werden. Die Vernüpfungsbedingung wird über den ON-Parameter angegeben.

```
 1  public function saveNewAnswers($answerArr) {

 2

 3    $stmt = $this->dbh->prepare("INSERT INTO SurveyAnswer SET
        SurveyItemID = :id");

 4

 5    foreach ($answerArr as $answer) {

 6

 7      $stmt->bindParam(':id', $answer);

 8      $stmt->execute();

 9

10    }

11

12  }
```

Abbildung 16: saveNewAnswers Methode

Abgegebene Antworten in der Datenbank zu speichern kann mit dem SQL-Insert Befehl durchgeführt werden. Dazu wird für jede Stimme ein Tupel [37] mit einem Verweis auf die Antwort gespeichert. Das Datenmodell speichert im Hintergrund automatisch einen Zeitstempel, wann der Tupel eingetragen und somit die Stimme abgegeben wurde.

---

[37]Ein Tupel bezeichnet einen Datensatz innerhalb der Datenbanktabelle

```
public function addSurvey($name, $answerArr) {

    if (empty($name)) return;

    $this->dbh->beginTransaction();

    $stmt = $this->dbh->prepare("INSERT INTO Survey SET Name = :name
    ");
    $stmt->bindParam(':name', $name);

    $stmt->execute();

    $surveyID = $this->dbh->lastInsertId();

    $stmt = $this->dbh->prepare("INSERT INTO SurveyItems SET Name =
    :name, SurveyID = :id");

    $stmt->bindParam(':id', $surveyID);

    foreach ($answerArr as $answer) {

        if (!empty($answer)) {
            $stmt->bindParam(':name', $answer);
            $stmt->execute();
        }

    }

    $this->dbh->commit();

}
```

Abbildung 17: addSurvey Methode

Um eine neue Umfrage mit den möglichen Antworten hinzuzufügen, sind mehrere Schritte notwendig. Zuerst muss ein neuer Tupel in die Tabelle Survey eingefügt werden. Da für die weitere Referenzierung der möglichen Antworten die ID der Umfrage innerhalb der Datenbanktabelle bekannt sein muss, kann die ID mit der Methode lastInsertId() von der Datenbank angefordert werden. Mit Verweis auf diese ID werden im Anschluss nun die möglichen Antworten der Datenbank Tabelle SurveyItems hinzugefügt. Um sicherzugehen, dass alle SQL-Abfragen korrekt ausgeführt werden und sich nach der Verarbeitung dieser, die Datenbank in einen konsistenten Zustand befindet, wird eine Transaktion verwendet. Zum Einleiten einer Transakation wird die Methode beginTransaction() vor den SQL-Abfragen aufgerufen. Zum Schluss wird die Transaktion mit der Methode commit() abgeschlossen und durchgeführt.

5 Zusammenfassung

Zusammenfassend lässt sich feststellen, dass mit dieser Anwendung einfachste Umfragen erstellt werden können. Durch die integrierte Administrationsoberfläche können mit geringem Aufwand neue Umfragen dem System hinzugefügt werden. Angriffe mittels SQL Injection sind aufgrund der Verwendung von Prepared Statements deutlich erschwert worden und somit nahezu ausgeschlossen. Damit wurde für Absicherung der Datenbank und den darin enthaltenen Daten gesorgt. Die Ergebnisse der jeweiligen Umfrage können die Besucher entweder mit oder ohne Abgabe einer Antwort einsehen.

5.1 Kritische Würdigung

Das Passwort der Administratoren wird im Klartext in der Datenbank abgelegt. Um diesem Missstand entgegen zu wirken sollte das Passwort mit einem kryptografischen-kryptographischen Hashverfahren abgelegt werden. Zudem bietet das Salt und/oder Pepper-Verfahren noch einen zusätzlichen Schutz. Eine Verschlüsselung der Benutzerpasswörter wurde nicht realisiert. Auch eine Unterbindung von Manipulationen der Umfrageergebnisse durch Umfrageteilnehmer wurde nicht implementiert. Durch das Setzen eines Cookie oder das Zwischenspeichern der Client IP-Adresse kann verhindert werden, dass eine Person mehrmals eine Antwort abgeben und somit die Umfrageergebnisse verfälschen kann.

5.2 Ausblick

Für komplexere Umfragen, bei denen ein Themenkomplex aus mehreren Fragestellungen besteht - meist wie von Marktforschungsunternehmen verwendet - soll die Möglichkeit geschaffen werden, diese zu gruppieren und in Verbindung zu setzen. Eine Begrenzung auf eine oder mehrere Antwortmöglichkeiten soll bei Bedarf realisiert werden.

Literaturverzeichnis

[Blog Sqlauthority, 2013] Blog Sqlauthority (2013). Abruf am 23.09.2013. `http://blog.sqlauthority.com/2012/08/29/` `sql-server-three-methods-to-insert-multiple-rows-into\` `-single-table-sql-in-sixty-seconds-024-video/`.

[Computerlexikon, 2013] Computerlexikon (2013). Abruf am 12.09.2013. `http://www.computerlexikon.com/definition-prim%C3%` `A4rschl%C3%BCssel`.

[Gabler, 2013] Gabler (2013). Abruf am 12.09.2013. `http://` `wirtschaftslexikon.gabler.de/Definition/datenbank.html`.

[Geisler, 2011] Geisler, F. (2011). *Datenbanken - Grundlagen und Design*. Hüthig Jehle Rehm, München, 4. überarbeitete auflage 2011 edition.

[Heise, 2013] Heise (2013). Abruf am 07.10.2013. `http://www.heise.de/security/artikel/` `Passwoerter-unknackbar-speichern-1253931.html`.

[IBM, 2013] IBM (2013). Abruf am 30.09.2013. `http://publib.boulder.` `ibm.com/infocenter/rbhelp/v6r3/index.jsp?topic=%2Fcom.` `ibm.redbrick.doc6.3%2Fwag%2Fwag80.htm`.

[Kofler, 2005] Kofler, M. (2005). *MySQL 5 - Einführung, Programmierung, Referenz*. Pearson Deutschland GmbH, München, 1. aufl. edition.

[Lahini, 2013] Lahini (2013). Abruf am 12.09.2013. `http://www.lahini.de/` `daten/tutorium/anhang.pdf`.

[Lahres and Rayman, 2009] Lahres, B. and Rayman, G. (2009). *Objektorientierte Programmierung - das umfassende Handbuch*. Galileo Press GmbH, Bonn, 2. aufl. edition.

[Lerdorf et al., 2007] Lerdorf, R., Tatroe, K., MacIntyre, P., Schulten, L., and Klicman, P. (2007). *Programmieren mit PHP -*. O'Reilly Germany, Köln, 2. überarb. u. vollst. aktualis. a. edition.

[Meyer, 2005] Meyer, E. A. (2005). *CSS - kurz und gut*. O'Reilly Germany, Köln, 2. aufl. edition.

[Mindshape, 2013] Mindshape (2013). Abruf am 26.09.2013. http://www.mindshape.de/blog/allgemein/ database-storage-engine-myisam-oder-innodb.html.

[MySQL, 2013a] MySQL (2013a). Abruf am 03.10.2013. http://www.mysql. de/why-mysql/marketshare.

[MySQL, 2013b] MySQL (2013b). Abruf am 23.09.2013. http://dev.mysql. com/doc/refman/5.0/en/myisam-storage-engine.html.

[MySQL, 2013c] MySQL (2013c). Abruf am 27.09.2013. http://dev.mysql. com/downloads/connector/php-mysqlnd/.

[Niederst and Robbins, 2002] Niederst, J. R. and Robbins, J. N. (2002). *HTML - kurz und gut*. O'Reilly Germany, Köln.

[Oracle, 2013a] Oracle (2013a). Abruf am 07.10.2013. http://www.oracle. com/de/products/database/overview/index.html.

[Oracle, 2013b] Oracle (2013b). Abruf am 07.10.2013. https://www.bsi. bund.de/DE/Publikationen/Studien/CMS/Studie_CMS.html.

[Peter Kropff, 2013] Peter Kropff (2013). Abruf am 12.09.2013. http://www. peterkropff.de/site/mysql/normalform_3.htm.

[PHP Kurs, 2013] PHP Kurs (2013). Abruf am 29.09.2013. http://www. php-kurs.com/primaerschluessel-und-fremdschluessel.htm.

[Prof. Dr. Franz-Karl Schmatzer, 2013] Prof. Dr. Franz-Karl Schmatzer (2013). Dba01 präsentation.

[Schlossnagle, 2006] Schlossnagle, G. (2006). *Professionelle PHP 5-Programmierung -*. Pearson Deutschland GmbH, München, 1. aufl. edition.

[Schmeh, 2009] Schmeh, K. (2009). *Kryptografie - Verfahren, Protokolle, Infrastrukturen*. Dpunkt-Verlag, Köln, 4. akt. u erw. aufl. edition.

[Schmidt, 2009] Schmidt, S. (2009). *PHP Design Patterns -*. O'Reilly Germany, Köln, 2. auflage edition.

[SelfHtml, 2013] SelfHtml (2013). Abruf am 23.08.2013. http://de. selfhtml.org.

[Theis, 2013] Theis, T. (2013). *Einstieg in PHP 5.5 und MySQL 5.6 - Für Programmieranfänger geeignet.* Galileo Press GmbH, Bonn, 9. aufl. edition.

[UML, 2013] UML (2013). Abruf am 12.09.2013. http://www.uml.org.

[Wenz, 2007] Wenz, C. (2007). *JavaScript und AJAX - das umfassende Handbuch ; [Einführung, Praxis, Referenz ; browserübergreifende Lösungen ; Web 2.0: DOM, CSS, XML, Web Services ; DVD-ROM mit Video-Lektionen zu JavaScript].* Galileo Press, Bonn, 7. aufl. edition.

[Wikipedia, 2013] Wikipedia (2013). Abruf am 03.10.2013. http://de.wikipedia.org/wiki/Ausnahmebehandlung.